Os Astros e Você...

Peixes

editora EKO

Rua das Missões, 696
89051-000 - Blumenau - SC

Editoração Eletrônica
Big Print Comunicação Visual

Compilação e Texto
Selma Rutzen / Dinaê S. Gelhardt

Revisão
Helena Cristina Lübke

IMPRESSO NA CHINA

Dados Internacionais de Catalogação na Publicação (CIP)
(Câmara Brasileira do Livro, SP, Brasil)

Peixes / [compilação e texto Selma Rutzen e Dinaê S. Gelhardt] .
-- Blumenau, SC : Editora Eko, 2009. -- (Os Astros e Você)

ISBN 978-85-7324-627-8

1. Astrologia 2. Horóscopos I. Rutzen, Selma. II. Gelhardt, Dinaê S. III. Série.

08-11956 CDD-133.54

Índices para catálogo sistemático:

1. Horóscopos : Astrologia 133.54

Índice

O símbolo de Peixes é o décimo segundo
e último signo do zodíaco.
A ele estão ligados o misticismo
e sensibilidade espiritual.

Os nativos de Peixes são solícitos, sensíveis,
simpáticos e compreensíveis.
Ajudam muito os outros e são
companheiros fiéis.
A satisfação e o entrosamento do Peixe
faz com que ele seja uma pessoa
querida por todos.
Idealistas natos que são, não medem
esforços para apoiar as boas causas.

O Peixe não é muito chegado
em tomar decisões.
Também tem dificuldade para
expressar-se com clareza.
Gosta de empurrar as coisas com a barriga
e está sujeito a variações de humor.
Os nativos de Peixes também são propensos a
complexos de culpa e o consolo para tanto
eles procuram na bebida e em outras drogas.

Peixes

(20 de fevereiro a 20 de março)

Simbologia

Regente planetário

É Júpiter que comanda o signo de Peixes, auxiliado por Netuno, o senhor dos mares.

Júpiter proporciona expansão, bem-estar e sucesso material ao Peixe. Além disso, o planeta Júpiter tem forte ligação com a religião, com a sabedoria, filosofia e justiça. Netuno, ao seu lado, anima para a prática do amor ao próximo, mas também provoca consumismo, falsidade e ilusão própria.

Símbolo do signo

Dois peixes formando um círculo, na era do computador são representados por este sinal:

♓

Elemento regente

Água – elemento do misticismo.

Os nativos de Peixes são inclinados ao misticismo, cheios de fantasias e, sobretudo, amantes da paz. Os nascidos sob esse signo têm grande necessidade de quietude e isolamento. Gostam de se envolver com obras de caridade, o que faz com que, eventualmente, também sejam devidamente explorados.

Os Peixes são bem-sucedidos como atores, políticos e teólogos.

A indecisão que os acompanha faz parte do lado negativo dos Peixes. Do mesmo modo, desviam de problemas sem dar-lhes a devida importância.

De Peixes muitas vezes se tem impressão de serem fracassados, embora sempre estejam atrás do êxito.

Peixes no firmamento

Do final de outono até o começo do inverno, Peixes pode ser visto no céu à noite. Do mesmo modo como Aquário, esta constelação não é fácil de ser vista, pois suas estrelas possuem pouco brilho.

A constelação de Peixes na mitologia

Na Mitologia Grega a história é contada da seguinte forma: os gigantes titãs, filhos do deus dos céus, Urano e da deusa Gaia, eram muito briguentos. Um dia Zeus se encheu das brigas deles e os mandou para debaixo da terra. Os titãs se revoltaram contra a ordem e, em represália, invadiram o Olimpo, com Tifon liderando a revolta. Este era conhecido por ser o mais desbocado, por conta das cem cabeças que se atribuía ao gigante e com as quais emitia os sons mais aterrorizadores.

Aos deuses não sobrou outra coisa diante dessa invasão sinistra, além de fugir.

A bela Afrodite fugiu na companhia do filho Eros, indo alojar-se às margens do rio Eufrates. Esconderam-se na relva abundante que ali havia até que um vento muito forte se fez sentir, fazendo mãe e filho acreditar que o titã os tivesse encontrado. Estavam enganados, mas apavorados. Afrodite pediu ajuda às divindades das águas que enviaram dois peixes graúdos em auxílio dos dois. Afrodite e Eros montaram nas costas largas dos peixes que os levaram para longe dali.

Em agradecimento pela bem-sucedida fuga, Afrodite colocou seus salvadores nas alturas do firmamento.

Na Mitologia Romana foram Vênus e Cupido os tangidos pelo terrível Tifon, indo refugiar-se no rio Eufrates. Em gratidão, Vênus também colocou os peixes no céu.

O surgimento do cristianismo ficou simbolizado pelo peixe. Jesus dizia que seus discípulos eram pescadores de homens. Os cristãos perseguidos na Roma antiga comunicavam-se desenhando um peixe no solo.

Características

Preferências e conhecimentos acerca desta constelação

Amor: Sentimental.

Qualidade: mutável (flexibilidade).

Qualidades essenciais ao equilíbrio: estruturação e capacidade de lidar com a forma.

Maiores virtudes: sensitividade psíquica, sensibilidade, abnegação e altruísmo.

Necessidade mais profunda: iluminação espiritual e liberação.

Características a evitar: escapismo, procura de más companhias e estados psicológicos negativos.

Signos de maior compatibilidade: Câncer e Escorpião.

Signos de maior incompatibilidade: Gêmeos, Virgem e Sagitário.

Dia Favorável: Quinta-feira.

O número de Peixes na Numerologia: Sete. Este número é voltado para o segredo e para a rejeição.

A vida é experimentada em um ciclo formado de sete em sete anos.

Cores: Violeta, branco e azul do mar.

Animais: O peixe, naturalmente, e todos os mamíferos marinhos.

Comidas: Frutos do mar em tantas variações quanto possíveis.

Flores: Orquídea e lírio aquático.

Árvores: Todas as árvores que crescem junto à água.

Cidade: Hamburgo.

Países: Rússia, Turquia, ou seja, aqueles que ainda são desconhecidos pelo turismo de massa.

Personalidade

Particularidades positivas

Solicitude e muita compreensão. O Peixe é bom ouvinte, é inteligente e um entusiasta das coisas.

Particularidades negativas

Os nativos de Peixes têm dificuldade para tomar decisões. Frequentemente se expressam com pouca clareza, de modo que o ouvinte tem dificuldade para entendê-lo. Muitas vezes são inclinados a viver no mundo da lua, podendo procurar consolo na bebida.

O objetivo de vida de Peixes

Usando da farta criatividade e carinho, próprios de Peixes, aproximam de si, sempre e renovadamente, as pessoas, sobretudo o companheiro e a família.

AFETIVIDADE

Peixes e o amor

Ela: pois é – a mulher de Peixes e o querido amor! Para muitos Romeus isso significa aguardar na fila, pois muitos candidatos se batem atrás da romântica Julieta, carinhosa, sonhadora e jovem até na velhice. E não é por nada, não, porque o charme dela realmente atrai. Ela, por sua vez, só procura um ombro forte onde possa se apoiar por toda a vida. Quem, portanto, não oferecer esse quesito ao primeiro olhar, deve procurar outra fila de espera.

Na intimidade a mulher de Peixes não conhece limites: sua paixão é experimentar todas as variações do jogo erótico. Um filme picante então, eleva-a às alturas. E, na maioria das vezes, também já quer colocar em prática o que vê na tela.

Outra coisa que a excita enormemente são meias-calça pretas e luvas longas. O efeito também atinge o companheiro.

Ele: o bom homem de Peixes tem lá suas manias. Uma delas são os encontros secretos e aventuras com mulheres casadas. Ele prefere as mulheres experientes, evitando as meninas novas, pois em questões de sexo ele não se presta como professor.

Ao contrário, quando se trata de cultivar o amor. Nesse caso ele gosta de ser o comandante.

Ele gosta de ser despido lentamente pela parceira. Ela acerta em cheio ao elogiar a escultura física dele durante o show de nudez.

Zonas erógenas

Os Peixes têm sua sensibilidade erótica nos pés.

Uma massagem bem insinuante para eles já é a metade das preliminares.

E se o companheiro ir um pouco além e entrelaçar seus dedos com os dedos dos pés do nativo de Peixes, o desejo sobe mais um tanto.

Problemas no relacionamento?

Acabar com um Peixe não é tão fácil assim! Os nativos deste signo não aceitam o "foi bem legal contigo e agora tchau". Peixes são extremamente sensíveis e, por isso, eles querem saber exatamente por qual motivo se acaba a relação.

Como é que a gente se livra rapidamente de um Peixe? Basta criticá-lo por qualquer coisa, por mais insignificante que seja. Constantemente trocar os presentes recebidos e ser muito pão-duro. Isso funciona! Já o Peixe vai nadar em outras águas.

O relacionamento de Peixes com os demais signos

O homem de Peixes e a mulher de Áries

Tanto faz se ela é loira ou morena – o homem de Peixes ama todas as mulheres arianas. Ela vive ativamente o dia, ele é um entusiasta da noite.

Para os dois, o sexo é de suma importância e por isso pode se desenvolver uma relação duradoura. Condição para isso, contudo, é que a desinibida dama de Áries não seja tão desbocada com seu homem de Peixes que não tolera, de jeito nenhum, expressões levianas e, muito menos, críticas.

A mulher de Peixes e o homem de Áries

Se ele for forte, persistente e muito potente, então ele é o homem certo para a frágil mulher de Peixes. Aliás, o objetivo de vida da mulher de Peixes é pertencer integralmente ao seu homem, condição que a ela causa a felicidade maior de todas. Com muita habilidade permite que ele faça parte da vida dela, de forma a serem uma existência única.

O homem de Peixes e a mulher de Touro

Acerto em cheio! Neste caso, a necessidade de amor e

carinho e a procura por paz e harmonia se encontraram. Nenhum dos dois quer ofender ao outro, embora raios e trovões possam aparecer, se ele não se contiver drasticamente em suas escapadas.

"Ele pode excitar o apetite fora, mas a refeição é em casa!" E ponto final.

Se ele fugir dessa máxima, a mulher de Touro logo se lembrará de que tem chifres bem afiados. Pobrezinho do peixe!

A mulher de Peixes e o homem de Touro

Isto é para dar certo? É verdade que ambos escrevem amor e sentimentos com letras maiúsculas, se não fosse a conjunção "se". Material inflamável para brigas é ela que fornece com sua exagerada tendência para o consumo. Touro e sua poupança sobem paredes ao ver tudo isso. Ela até pode esbanjar os sentimentos dele, mas jamais seu dinheiro. Uma coisa, porém, as mulheres de Peixes sempre conseguem: com sua arte de sedução, induzem o Touro a sempre e renovadamente arrumar mais dinheiro para elas gastarem.

O homem de Peixes e a mulher de Gêmeos

Afinal, isto é um caso de verdade? Ele vai fazer seu joguinho com ela, e como direitos iguais é válido para todos, ela vai fazer o mesmo com ele.

Casamento? Nem passa pela cabeça deles. No máximo, uma aventura bem picante e depois adeus! Num eventual relacionamento mais longo, a geminiana, com sua falta de juízo, enlouqueceria o sensível Peixe.

A isso, acrescente-se o egocentrismo dos dois, fazendo com que dificilmente se esforcem para ajustar-se um ao outro.

Encontros sem compromisso e algumas horas sobre um colchão d'água é tudo o que eles precisam para satisfazer-se.

A mulher de Peixes e o homem de Gêmeos

Uma cena já representada inúmeras vezes pelos filmes de Hollywood: o casal se conhece numa festa, bate um papinho, flerta, dança juntinho e, após algumas bebidas, a proximidade é inevitável. Tão próxima que a intimidade chama num tom de voz que parece uma orquestra de sopro. Em último caso, o divã de hóspedes na sala ao lado acolhe os dois, felizes da vida por terem conseguido um parceiro ágil e cheio de fantasias em troca de um lerdo, com o qual é preciso aplicar tudo quanto é manha até deixá-lo no ponto.

Infelizmente essa relação não tem consistência. Ela será lançada como "aventura curta e quente" na contabilidade da mulher de Peixes, na coluna "haver".

O homem de Peixes e a mulher de Câncer

Uma ligação fantástica! Ambos querem se derreter e

formar um só ser a partir deles próprios. Mas uma possível consequência será a de que, Câncer e Peixes, de tanta paixão, não observem nem formatem mais seu destino individual. Na intimidade dão tudo de si, até a última gota; a entrega à paixão é total.

No dia-a-dia, ele conta com sua forte mulher de Câncer para todas as circunstâncias. Afinal, ela sustenta a barra quando o peixinho vacila.

Nos "finalmente", porém, o casal forma uma meiga parceria, abençoada com muito erotismo.

A mulher de Peixes e o homem de Câncer

Pois é, lamentavelmente, ele não é bem o cara robusto como a mulher de Peixes o desejava. Antes, sensível e retraído. Porém, ele sabe como vasculhar o interior dela. Mas como ambos gostam de botar seu mau humor para fora, um relacionamento duradouro ou casamento dificilmente vai acontecer. Nesse negócio, no máximo pode estar contida uma amizade.

O homem de Peixes e a mulher de Leão

Este majestoso nhenhenhem da rainha leoa enche as guelras do coitado do Peixe. Nem na intimidade ele a dobra nessas manias de nobreza. Na verdade, eles se observam, acham-se atraentes, mas querem se dominar pronta e mutuamente.

É possível que se estabeleça uma relação duradoura, pois o Peixe possui uma ponta de capacidade de adaptação. Via de regra, porém, a relação acaba em caos.

A mulher de Peixes e o homem de Leão

Se ela simplesmente conseguir controlar a qualidade do joguinho amoroso dele e transformá-lo num tornado na cama, e ele aprender a tolerar as manhas dela, teríamos nesse caso a relação ideal.

Porque, no fundo, ele é o príncipe encantado dos sonhos dela. Ela, por sua vez, só quer se tornar a rainha do coração dele. Ela se entrega bondosa, perdoa, mas, sobretudo, é extremamente sedutora. E, num piscar de olhos, o rei das selvas está preso na rede dela.

O homem de Peixes e a mulher de Virgem

Um par estranho! Ela, com sua tagarelice - que alega ser objetiva -, tenta afastá-lo das suas intensas ansiedades de todas as espécies, para levar uma vida ordenada. Ele, no entanto, alega ser ela terrivelmente monótona.

Ele é um amante experiente que a leva a reconhecer a necessidade de revelar seu erotismo disfarçado até aquele momento.

Melhor do que qualquer filme criminal é a performance dela ao surpreendê-lo numa escapada. Pobre Peixe! Não sobra uma escama sobre seu corpo liso. Raios e trovoadas o colocam de joelhos diante dela e, já que se encontra humilhado, é melhor pedir perdão logo – ou melhor – choramingar mesmo e jurar que vai mudar. Até a próxima e irresistível aventura fora de casa!

A MULHER DE PEIXES E O HOMEM DE VIRGEM

Se, por acaso, a delicada peixinha repentinamente se tornar uma mulher de negócios, souber lidar com ações e títulos de valores e, com seus conhecimentos, ainda meio que ridicularizar o todo poderoso executivo, o casamento é bem provável que ocorra com o passar do tempo. Ambas as situações, porém, são bem difíceis de acontecer.

O HOMEM DE PEIXES E A MULHER DE LIBRA

Ela adora roupas elegantes e modernas, um visual bem cuidado.

O Peixe não está à altura de competir. Para ele a aparência não importa. Enfim, ele não é o caso dela. Mas, mesmo assim, nosso Peixe consegue dobrar a libriana com suas juras de amor. Sobretudo, após beber algo que o deixe mais solto.

Uma relação, portanto, que flutua na parte acima da água, ao invés de ancorar-se no fundo da estabilidade do lago.

A MULHER DE PEIXES E O HOMEM DE LIBRA

Um caso que só funciona porque ambos são voltados às

artes e, portanto, possuem ao menos uma base de interesses em comum. De resto, ela não terá muita coisa a esperar dele: ele faz parte da categoria dos dom Juans, além de ser um exemplar de egoísta. Ela, no entanto, quer gozar a relação, deleitar-se de prazeres.

Conclusão: um casal que só vai ficar junto por algum tempo.

O homem de Peixes e a mulher de Escorpião

O casal perfeito! Neste caso, a magia da mulher de Escorpião se completa com a poesia e a diversão do peixinho.

Entretanto, se ela exagera na sensualidade e o exige em demasia, o Peixe pode se cansar.

A consequência disso é que chega o dia em que ele cai fora para procurar outra parceira para nadar em suas águas. Até é possível que já haja alguém...

A mulher de Peixes e o homem de Escorpião

Ele banca ser o protetor dela. Inclusive no sexo, satisfazendo todos os desejos da peixinha. Uma excitação pelo resto da vida, baseada no fundamento da satisfação sensual.

Uma relação sedutora o tempo todo!

O homem de Peixes e a mulher de Sagitário

Uma aventura divertida que Peixe nenhum abriria mão. Ambos curtem o prazer da vida sentimental e a liberdade que ela proporciona.

Na essência seria uma relação perfeita, não fosse o orgulho da sagitariana e a falta de transparência do homem de Peixes – um bloqueio sobrenatural para que a relação transcorra com muita felicidade.

A mulher de Peixes e o homem de Sagitário

Os dois são dos prazeres sem tabus. No fundo não haveria nada que impedisse uma união duradoura. Exceto os excessos de toda ordem dele e a permanente inquietude que o faz mudar-se constantemente de um lugar para outro!

Por algum tempo ela o acompanha, depois se recusa, pois ao contrário do sagitariano, a mulher de Peixes precisa do seu canto e do seu conforto. Ele terá de mudar, caso contrário, terá passe livre.

O homem de Peixes e a mulher de Capricórnio

Nosso peixinho brilhante bem que poderia ancorar na companhia dela.

Ela valoriza as qualidades contábeis em um homem, mas depois que prova suas habilidades na intimidade, as coisas ficam mais legais ainda entre esses dois.

A MULHER DE PEIXES E O HOMEM DE CAPRICÓRNIO

Uma relação na qual o capricorniano se destaca como o beneficiado maior. É que a mulher de Peixes e seu jeitinho conseguem livrá-lo dos seus bloqueios e princípios ferrenhos nem sempre práticos. Às vezes até aguenta pacientemente a falta de coração dele.

Pois é – onde há amor, tudo é possível!

O HOMEM DE PEIXES E A MULHER DE AQUÁRIO

O melhor conselho para estes dois é que larguem mão de ficar juntos! Falta um elemento de base comum a esse símbolo da água e ao símbolo do ar.

A verdade é que ele ousa apenas uma tímida aproximação, sendo recebido por uma nuvem de ar gelado, fazendo o Peixe procurar distância e paragens mais calorosas.

A MULHER DE PEIXES E O HOMEM DE AQUÁRIO

Esta não fecha! Eles esperam demais da vida.

E o que deveria fazer a sonhadora mulherzinha de Peixes com um aquariano pão-duro que só pensa em manter o dinheiro em separado, não aceita diálogo e nem suas próprias fraquezas?

Uma vida ao lado dele não seria brincadeira. A única coisa com alguma chance de dar certo é o sexo. Mas banquete todo dia também enche, não é verdade?

O homem de Peixes e a mulher de Peixes

Ele adora variar, procura o imprevisto. Ela, por sua vez, precisa de alguém que saiba navegar em volta de todos os recifes sentimentais da sua alma para um dia rumar seriamente ao porto do casamento.

Lamentavelmente ele não serve para capitão do navio conjugal.

A mulher de Peixes e o homem de Peixes

Seria uma piada de mau gosto prender-se no anzol deste peixe liso como ele só!

O leitor, a essas alturas, já conhece profundamente todas as preferências e fraquezas do signo de Peixes e, por isso, sabe que nada melhor do que engatar um turbo e sair fora a todo gás!

Vida Social

O exterior de Peixes

Ele próprio se aborrece com isso, mas é difícil mudar: os nascidos sob Peixes têm tendência a serem rechonchudos. E é mais incômodo o fato, porque os familiares do nativo de Peixes não apresentam físico semelhante, ao contrário, tendem a ser miúdos. Como diria o malandro Garfield "não sou gordo – apenas baixinho!" Os Peixes gordinhos deveriam adotar essa expressão para si e seguir em frente.

O cabelo claro dos Peixes, muitas vezes fino demais, leva qualquer cabeleireiro ao desespero. Mas também há Peixes de físicos bem reduzidos. Estes, então, podem ser encontrados em grupos de balé.

O homem de Peixes não valoriza muito a sua apresentação. Encontrar algum então de quem se pode dizer que acabou de sair de um anúncio de moda, nunca! Gravata e sapato que combinem com o terno e a camisa? Não, obrigado! Tanto faz se listras combinam com bolinhas ou não. Ele não liga nem um pouco para o que os outros pensam.

A mulher de Peixes é exatamente o contrário. Sua apresentação é formada pelos mínimos detalhes e muito carinho. Principalmente se for para um programa noturno e romântico. Uma camisola delicada e de cor cativante (variações do violeta, por exemplo), um sopro de perfume francês ou italiano e cabelo macio, caído em ondas suaves, são itens importantes para ela. Para o dia-a-dia e a negócios, ela prefere tecidos macios e flutuantes. De vez em quando, adora esconder-se dentro de roupas folgadas, para estimular a imaginação.

Ela também usa muito seu próprio estilo ao adaptar acessórios à moda vigente.

As férias de Peixes

Ficar preso a compromissos nas férias causa uma verdadeira crise em Peixes. Nem lhes passa pela cabeça planos preestabelecidos, tipo pela manhã o palácio de Buckingham, à tarde, o canal da Mancha. Peixes faz uma volta enorme para evitar esses programas. Mesmo que a oferta seja irrecusável. O Peixe adora férias em que possa meditar.

E em que lugar seria? Junto ao mar, evidentemente, seu elemento de origem. "Aqui eu me sinto gente – aqui eu posso ser gente", diz ele já no começo do dia ao olhar-se no espelho. É na água que ele encontra o sossego de que precisa para desligar; é ali que ele deixa seu pensamento voar. Peixes também gosta de estar entre pessoas sensíveis e voltadas à arte em suas semanas de descanso. Por isso, não raras vezes, encontramos nativos de Peixes de férias a visitar exposições de arte.

Ao lado da questão das artes, o nativo de Peixes também gosta de se entregar à meditação nesses dias livres. Uma viagem para dentro do próprio "eu" é tão reconfortante para ele, quanto para muitos outros o são as férias com agito.

Os hobbys de Peixes

Há caçadores e há colecionadores! Sem sombra de dúvida, Peixes pertence aos colecionadores. Porém, não passa pela cabeça dele juntar rádios velhos ou instrumentos musicais. Colecionar sim, mas que sejam peças finas como, por exemplo, dedais de porcelana, figuras de vidro ou de metal.

A natação é outra coisa que Peixes gosta muito. Mas que também não sejam sempre aquelas mesmas braçadas. Hidroginástica é o que proporciona um pouco de variação à monotonia molhada. O nativo de Peixes também pode ser encontrado nas salas de balé.

Dançar e movimentar-se ritmicamente ao som de boa música é bem ao gosto dos nativos de Peixes. E como eles também têm uma veia social muito forte, muitos deles se envolvem com questões sociais nas horas livres.

CARREIRA

A profissão dos nativos de Peixes

Todas as ocupações relacionadas a viagens marítimas e pesca são as ideais para os nascidos sob Peixes. Entretanto, como o Peixe é uma pessoa prestativa que se dedica aos outros, ele também tende a envolver-se com o serviço em hospitais, com a assistência a crianças e idosos, busca e salvamento.

O Peixe pode servir até como vidente, mesmo que isso pareça estranho.

Como a dança reproduz o ritmo das ondas do mar, muitos Peixes são atraídos para o balé. Um dos mais famosos e talentosos dançarinos era o russo Rudolf Nurejew, nascido no signo de Peixes. Para os cargos de chefia, os Peixes não são os mais indicados e será meio difícil encontrá-los em funções comerciais.

Porém, naquelas atividades em que eles podem aplicar sua fantasia criativa como cinema, rádio, televisão e propaganda – ele é um chefe excepcional.

Raramente Peixes é profissional liberal, salvo nas atividades de criação, mas são bons profissionais subordinados e aceitam determinações com relativa facilidade.

Com os colegas os de Peixes mantêm um bom relacionamento, além da habilidade de passarem "lisos como um peixe" pelas eventuais adversidades do dia-a-dia.

A maioria dos Peixes não visa ficar rico. Não que não gostem de dinheiro, mas têm consciência do quanto ele é passageiro.

Piscianos Famosos

Ursula Andress, Nadja Auermann, Michael Caine, Enrico Caruso, Frédéric Chopin, Joseph v.Eichendorff, Albert Einstein, Rainhard Fendrich, Juri Gagarin, Hanns Joachim Friedrichs, Michail Gorbatschow, Wilhelm Grimm, Nina Hagen, Otto Hahn, Georg Friedrich Händel, Jean Harlow, Rex Harrison, Victor Hugo, Henrik Ibsen, Erich Kästner, Peter Kraus, Jerry Lewis, Rosa Luxemburg, Karl May, Michelangelo, Ornella Muit, Rudolf Nurejew, Sidney Poitier, Dunja Rajter, Pierre Auguste Renoir, Gioacchino Rossini, Heinz Rühmann, Karl Friedrich Schinkel, Elisabeth Taylor, Antonio Vivaldi, Cindy Crawford, Drew Barrymore, Silvia Pfeifer, Steven Jobs, Regina Casé, Jon Bon Jovi, Albert Einsten, Burce Willis, Glenn Close, Édson Celulari.

A saúde de Peixes

Convenhamos – Os de Peixes gostam de sofrer. Doença para eles faz parte da vida.

Os pés frios, que muitas vezes os acometem, podem se tornar o assunto de uma roda de bate-papo. Lamentam, no entanto, que tão poucos se interessem pela discussão tão relevante dos pés frios. E se alguma publicação trouxer informações sobre uma eventual e agressiva epidemia virótica, os Peixes as devoram para descobrir algum sintoma em si próprios e correr ao médico. Como se não bastasse, na sala de espera trocam amplas e bem discutidas ideias sobre o drama da doença em curso com outros pacientes.

Como já mencionado, os Peixes tendem a ser gordinhos e apreciadores de bebidas, provocando retenção de líquido. Por essa razão, muitas vezes dão a impressão de inchaço.

Preocupações e nervosismo podem atacar o intestino de Peixes. Resultado: intestino preguiçoso ou diarreia.

Refeições balanceadas com muita verdura, frutas e pouca carne são o ideal para Peixes.

SORTE

As pedras da sorte de Peixes

Ametista: um ditado árabe assim diz acerca deste quartzo violeta: "ele fortalece a fé e faz com que seu usuário aja com mais justiça." Esta pedra também protege contra a embriaguez quem a usa. As mulheres nobres da Roma antiga também acreditavam que a pedra conservava o amor dos seus maridos.

Fluorita: quem usa esta pedra estaria protegido de magia negra e daltonismo. A fluorita também favorece a esperança, a paixão, a sorte e o otimismo.

Opala: a opala acaba com a depressão e ajuda as pessoas a enxergarem o amor verdadeiro. Na tonalidade clara, é um bálsamo para a alma, proporcionando uma vida com sentimentos de harmonia.

Pedra da lua: ela proporciona harmonia interior e equilíbrio. Os antigos gregos acreditavam que a pedra da lua trazia-lhes sonhos maravilhosos.

Silvanita: esta pedra protege contra os raios ultravioleta emitidos pelo espaço.

Espiritualidade

O pisciano é o nativo mais vinculado à espiritualidade de todo o Zodíaco. Possui um profundo sentimento religioso e aspira a uma realidade transcendental, intangível, para superar a ausência de significado de sua vida cotidiana. Acredita nas forças mágicas que regem o universo. Cerca-se de proteções ocultas, unindo sua sensibilidade à energia cósmica que capta à sua volta. Cedo ou tarde, busca o divino, o infinito, o espaço ilimitado.

Neste capítulo, com a finalidade de acompanhamento espiritual ou de ajuda, foram escolhidas as entidades denominadas anjos protetores ou de guarda. O anjo representa a energia e a pureza do conhecimento de Deus. Segundo pesquisas exotéricas, o anjo de guarda permanece junto da pessoa desde o dia de seu nascimento até o dia do desencarne (morte). Saiba mais sobre essas entidades especialmente relacionadas ao seu signo e à data de seu nascimento.

Categorias ou qualidades de anjos de guarda e Príncipes, correspondentes à proteção de determinados períodos do signo de Peixes:

De 20 a 22 de fevereiro

Qualidade: Virtudes

Categoria angelical que tem como atribuições orientar as pessoas a respeito de sua missão e cumprimento do karma. Com o poder sobre os fenômenos da natureza, mantém as leis que regem o universo. Promove prodígios e milagres de cura.

Príncipe: Raphael (Auxilia os trabalhos de cura, pois traz um frasco dourado, balsâmico, e uma flecha ou espada afiada, além de intermediar o casamento legítimo).

De 23 de fevereiro a 2 de março

Qualidade: Principados

Categoria angelical responsável pelos reinos, estados e países, preservando também a fauna, a flora, os cristais e as riquezas da terra.

Príncipe: Haniel (Auxilia a resolver os problemas de amor, pois é o líder dos cupidos; invocado contra as forças do mal, era o mestre do rei David).

De 3 a 10 de março

Qualidades: Arcanjos

Categoria angelical responsável pela transmissão de mensagens, assegurando os bons relacionamentos, a sabedoria e os estudos. São anjos ágeis e querem ver todos felizes nesta existência.

Príncipe: Mikael ou Miguel (Príncipe de Israel, considerado um superanjo, invocado para a coragem, forte defesa e proteção divina).

De 11 a 18 de março

Qualidade: Anjos

Categoria angelical da qual Deus mais se utiliza para fazer milagres, impulsionando a evolução da humanidade através de experimentos e experiências de vida.

Príncipe: Gabriel (É o príncipe dos anjos. Gabriel significa "humanidade de Deus" ou "herói da humanidade". Resgata seus protegidos na Terra para levá-los ao céu).

Dia 19 de março

As pessoas nascidas nesta data pertencem à hierarquia dos "Senhores do Sacrifício". Em outras vidas, praticaram muitos atos humanitários, por meio dos quais sua própria vida foi doada em benefício de um grupo. São considerados "Gênios da Humanidade", anjos terrenos, representando a proteção divina. Como já possuem uma essência angelical muito forte, não há designação de um anjo específico para eles. Podem escolher o anjo guardião com o qual se identificam, ou pelo horário de nascimento.

Dia 20 de março

Qualidade: Serafins

Categoria angelical que está mais próxima de Deus. São considerados os mais velhos e/ou responsáveis de todos os anjos. Personificam a caridade e a inteligência.

Príncipe: Metatron (nome que significa "rei dos anjos" em hebraico).

Identificação do anjo de guarda pessoal e atribuições, conforme a sua data de nascimento; horários e dias em que seu anjo estará mais próximo e o número do Salmo para orar, referente a ele:

20 DE FEVEREIRO

Anjo Ariel - 15h às 15h20min - 20 de fevereiro, 4 de maio, 16 de julho, 27 de setembro, 9 de dezembro - Salmo 144.

Atribuições do anjo: Auxilia a agradecer a Deus os bens que nos envia. Facilita a descoberta de tesouros ocultos. Revela, através de sonhos, os segredos da natureza e ajuda a encontrar objetos que desapareceram.

21 DE FEVEREIRO

Anjo Asaliah - 15h20min às 15h40min - 21 de fevereiro, 5 de maio, 17 de julho, 28 de setembro, 10 de dezembro - Salmo 104.

Atribuições do anjo: Ajuda a conhecer as leis de Deus e a elevar a consciência até Ele. Faz surgir a verdade nos processos e atingir metas construtivas. Facilita a compreensão dos atos divinos, materializados na natureza.

22 DE FEVEREIRO

Anjo Mihael - 15h40min às 16h - 22 de fevereiro, 6 de maio, 18 de julho, 29 de setembro, 11 de dezembro - Salmo 97.

Atribuições do anjo: Protege as pessoas que recorrem à luz, que têm premonições ou pressentimentos favoráveis. Ajuda a conservar a paz e a união entre os esposos. Concede inspiração para desvendar segredos e tudo o que precisa ser descoberto. Facilita a geração sadia das espécies, a amizade e a fidelidade conjugal.

23 DE FEVEREIRO

Anjo Vehuel - 16h às 16h20min - 23 de fevereiro, 7 de maio, 19 de julho, 30 de setembro, 12 de dezembro - Salmo 144.

Atribuições do anjo: Ajuda a elevar a Deus todas as manifestações benéficas, colabora para a glorificação de todas as pessoas e para a admiração do reino celestial.

24 DE FEVEREIRO

Anjo Daniel - 16h20min às 16h40min - 24 de fevereiro, 8 de maio, 20 de julho, 1º de outubro, 13 de dezembro - Salmo 102 ou 103.

Atribuições do anjo: Auxilia a alcançar a misericórdia de Deus e obter consolo. Favorece a justiça, o clero e a magistratura. Inspira contra a indecisão ou embaraço, quaisquer que sejam os motivos.

25 DE FEVEREIRO

Anjo Hahasiah - 16h40min às 17h - 25 de fevereiro, 9 de maio, 21 de julho, 2 de outubro, 14 de dezembro - Salmo 103.

Atribuições do anjo: Ajuda a elevar a alma a Deus, contemplar os atos divinos e descobrir todos os mistérios através da consciência e da inteligência.

26 DE FEVEREIRO

Anjo Imamaiah - 17h às 17h20min - 10 de maio, 22 de julho, 3 de outubro, 15 de dezembro, 26 de fevereiro - Salmo 7.

Atribuições do anjo: Ajuda a destruir a força dos inimigos, das pessoas que só pensam em humilhar os mais fracos e auxilia todos os que pedem socorro a Ele para a obtenção da liberdade. Protege as viagens em geral e todos os que estão desolados e solitários. Influencia tudo o que está baseado na bondade e nos ganhos monetários provenientes do trabalho honesto.

27 DE FEVEREIRO

Anjo Nanael - 17h20min às 17h40mim - 11 de maio, 23 de julho, 4 de outubro, 16 de dezembro, 27 de fevereiro - Salmo 118.

Atribuições do anjo: Protege as altas ciências, influencia os eclesiásticos, os professores, os magistrados e os homens que trabalham com leis.

28 E 29 DE FEVEREIRO

Anjo Nithael - 17h40min às 18h - 12 de maio, 24 de julho, 5 de outubro, 17 de dezembro, 28 e 29 de fevereiro - Salmo 102.

Atribuições do anjo: Ajuda a obter a misericórdia de Deus e a longevidade. Protege os chefes de estado, os presidentes, os monarcas, os príncipes e todas as pessoas que dedicam sua vida à religiosidade e à caridade. Favorece a continuação e a legitimação das famílias e a estabilidade das empresas. Auxilia as pessoas que necessitam do socorro dos poderosos e propicia uma existência correta e tranquila.

1º DE MARÇO

Anjo Mebahiah - 18h às 18h20min - 13 de maio, 25 de julho, 6 de outubro, 18 de dezembro, 1º de março - Salmo 101.

Atribuições do anjo: Auxilia a conquista da vitória em qualquer tipo de atividade. Tem o poder da consolação e também ajuda a proteger as crianças.

2 DE MARÇO

Anjo Poiel - 18h20min às 18h40min - 14 de maio, 26 de julho, 7 de outubro, 19 de dezembro, 2 de março - Salmo 144.

Atribuições do anjo: Ajuda a vencer demandas. Favorece a aquisição de prestígio, de fortuna e a propagação de grandes filosofias.

3 DE MARÇO

Anjo Nemamiah - 18h40min às 19h - 15 de maio, 27 de julho, 8 de outubro, 20 de dezembro, 3 de março - Salmo 113.

Atribuições do anjo: Ajuda todos os que trabalham por uma causa justa a prosperarem. Auxilia a libertação de pessoas viciadas, encaminhando-as para uma vida mais saudável. Favorece aqueles que trabalham em cidades litorâneas e todos os que exercem funções ligadas ao lazer nessas localidades.

4 DE MARÇO

Anjo Iealel - 19h às 19h20min - 16 de maio, 28 de julho, 9 de outubro, 21 de dezembro, 4 de março - Salmo 6.

Atribuições do anjo: Ajuda a eliminar a tristeza, a

confundir os maldosos e as falsas testemunhas. Protege contra as maldades e os males dos olhos. Influencia os armeiros, serralheiros, e todos os que trabalham, comercializam e negociam produtos de ferro.

5 DE MARÇO

Anjo Harahel - 19h20min às 19h40min - 17 de maio, 29 de julho, 10 de outubro, 22 de dezembro, 5 de março - Salmo 112.

Atribuições do anjo: Ajuda a curar os problemas dos órgãos reprodutores, principalmente femininos, favorecendo a vida longa e saudável. Torna as crianças respeitosas para com os parentes, os pais, os colegas de estudo e os professores. Auxilia os corretores de valores, os agentes de câmbio, as pessoas que trabalham em órgãos públicos, arquivos, bibliotecas, e as que possuem quaisquer coleções, principalmente as raras e preciosas.

6 DE MARÇO

Anjo Mitzrael - 19h40min às 20h - 18 de maio, 30 de julho, 11 de outubro, 23 de dezembro, 6 de março - Salmo 144.

Atribuições do anjo: Ajuda a curar os males do espírito e livra das perseguições. Influi sobre a fidelidade e a obediência.

7 DE MARÇO

Anjo Umabel - 20h às 20h20min - 19 de maio, 31 de julho, 12 de outubro, 24 de dezembro, 7 de março - Salmo 112.

Atribuições do anjo: Favorece as amizades, os estudos de

astrologia, psicologia e esoterismo; influencia fortemente as pessoas para que se especializem em pesquisas nessas áreas.

8 DE MARÇO

Anjo Iah-hel - 20h20min às 20h40min - 20 de maio, 1º de agosto, 13 de outubro, 25 de dezembro, 8 de março - Salmo 118.

Atribuições do anjo: Ajuda a obter sabedoria, auxilia o aparecimento de ideias luminosas e a apaziguar a violência no mundo. Leva as pessoas a uma vida honesta e correta.

9 DE MARÇO

Anjo Anauel - 20h40min às 21h - 21 de maio, 2 de agosto, 14 de outubro, 26 de dezembro, 9 de março - Salmo 2.

Atribuições do anjo: Ajuda a encontrar a verdadeira espiritualidade e a obter sabedoria. Protege contra os problemas de saúde e acidentes; conserva a paz nas famílias, neutralizando as maldades dos inimigos.

10 DE MARÇO

Anjo Mehiel - 21h às 21h20min - 22 de maio, 3 de agosto, 15 de outubro, 27 de dezembro, 10 de março - Salmo 32.

Atribuições do anjo: Protege contra a raiva, inimizades e acidentes de trânsito. Favorece os que buscam a sabedoria, os professores, os autores e oradores. Influencia os que amam a leitura, as livrarias e todos os que comercializam produtos nesta área.

11 DE MARÇO

Anjo Damabiah - 2lh20min às 21h40min - 11 de março, 23 de maio, 4 de agosto, 16 de outubro, 28 de dezembro - Salmo 89.

Atribuições do anjo: Protege contra os sortilégios ou presságios negativos, ajuda a alcançar o triunfo e faz render os empreendimentos. Favorece as pessoas que trabalham em cidades litorâneas, nas expedições marítimas para pesquisas, o comércio com os produtos do mar, marinheiros e pilotos.

12 DE MARÇO

Anjo Manakel - 21h40min às 22h - 12 de março, 24 de maio, 5 de agosto, 17 de outubro, 29 de dezembro - Salmo 37.

Atribuições do anjo: Ajuda a acalmar a cólera e a tirar todas as maldades das pessoas. Influencia a inspiração para a música e a poesia. Domina o mundo dos elementais.

13 DE MARÇO

Anjo Ayel - 22h às 22h20mim - 13 de março, 25 de maio, 6 de agosto, 18 de outubro, 30 de dezembro - Salmo 36.

Atribuições do anjo: Consola as pessoas vitimadas por adversidades ou injustiças. Favorece a longevidade, a preservação e a solidificação de bens materiais adquiridos por intermédio do trabalho. Influencia os estudos da filosofia, do misticismo ou religiões. Domina as mudanças.

14 DE MARÇO

Anjo Habuhiah - 22h20min às 22h40min - 14 de março, 26 de maio, 7 de agosto, 19 de outubro, 31 de dezembro - Salmo 105.

Atribuições do anjo: Ajuda a manter a paz, a eliminar a força dos maldosos e a curar os problemas de saúde. Exerce influência na agricultura, criação e fecundidade.

15 DE MARÇO

Anjo Rochel - 22h40min às 23h - 1° de janeiro, 15 de março, 27 de maio, 8 de agosto, 20 de outubro - Salmo 15.

Atribuições do anjo: Ajuda a encontrar os objetos desaparecidos. Aponta quem os escondeu e roubou. Influencia a obtenção de renome, fortuna e sucesso na economia, política e justiça.

16 DE MARÇO

Anjo Yabamiah - 23h às 23h20min - 2 de janeiro, 16 de março, 28 de maio, 9 de agosto, 21 de outubro - Salmo 91.

Atribuições do anjo: Domina as gerações e todos os fenômenos da natureza. Protege quem se regenera e se redime através da harmonia, exaltando a Deus e purificando os elementos. Recupera os drogados e os alcoólatras.

17 DE MARÇO

Anjo Haiaiel - 23h20min às 23h40min - 3 de janeiro, 17 de março, 29 de maio, 10 de agosto, 22 de outubro - Salmo 108.

Atribuições do anjo: Ajuda a confundir os maldosos e a

libertar as pessoas dos vínculos com os opressores. Protege os que buscam a luz da verdade. Domina a vitória e a paz. Concede a força, a energia, o talento e mais segurança em todas as atividades.

18 DE MARÇO

Anjo Mumiah - 23h40min à 0h - 4 de janeiro, 18 de março, 30 de maio, 11 de agosto, 23 de outubro - Salmo 114.

Atribuições do anjo: Protege contra os processos mágicos desconhecidos. Ajuda a obter triunfo e conduz a descobertas úteis. Domina a química, a física, a medicina e a longevidade.

19 DE MARÇO

As pessoas nascidas nesta data pertencem à hierarquia dos "Senhores do Sacrifício". Em outras vidas, praticaram muitos atos humanitários, por meio dos quais sua própria vida foi doada em benefício de um grupo. São considerados "Gênios da Humanidade", anjos terrenos, representando a proteção divina. Como já possuem uma essência angelical muito forte, não há designação de um anjo específico para eles. Podem escolher o anjo guardião com o qual se identificam, ou pelo horário de nascimento.

20 DE MARÇO

Anjo Vehuiah - 0h à 0h20min - 6 de janeiro, 20 de março, 1º de junho, 13 de agosto, 25 de outubro - Salmo 3.

Atribuições do anjo: Ajuda a executar as tarefas mais difíceis. Tem grande potencial de cura nas mãos.

Ascendentes

O ascendente é o signo que aparece no horizonte na hora do seu nascimento. Em alguns aspectos, é tão importante quanto o seu signo solar ou lunar, já que suas atitudes mais extremas frente à vida são muito influenciadas por ele. Para identificar o seu ascendente, basta procurar no quadro abaixo a coluna correspondente à sua data e hora de nascimento (caso tenha nascido num país em que estava vigente o horário de verão, deverá descontar uma hora).

20/02-02/03	*03/03-10/03*	*11/03-20/03*	*ASCENDENTE:*
08:30-09:30	07:50-08:50	07:10-08:10	Áries
09:30-10:50	08:50-10:10	08:10-09:30	Touro
10:50-12:30	10:10-11:50	09:30-11:10	Gêmeos
12:30-15:00	11:50-14:20	11:10-13:40	Câncer
15:00-17:50	14:20-17:10	13:40-16:30	Leão
17:50-20:30	17:10-19:50	16:30-19:10	Virgem
20:30-23:10	19:50-22:30	19:10-21:50	Libra
23:10-02:00	22:30-01:20	21:50-00:40	Escorpião
02:00-04:20	01:20-03:40	00:40-03:00	Sagitário
04:20-06:10	03:40-05:30	03:00-04:50	Capricórnio
06:10-07:30	05:30-06:50	04:50-06:10	Aquário
07:30-08:30	06:50-07:50	06:10-07:10	Peixes

A seguir, pode-se verificar como cada ascendente influi em seu signo solar.

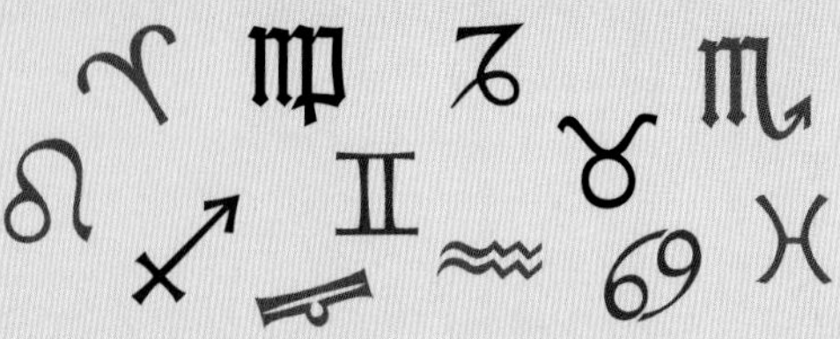

PEIXES-ÁRIES

Ele é um sonhador romântico com um toque de agressividade ou é o fogo ariano com um toque mais sentimental. A sensibilidade aguçada, a intuição, a determinação e o impulso podem levá-lo a um êxito ainda maior. É só não se deixar levar por projetos inviáveis, pela falta de realismo e alienação, uma vez que Peixes é predominante nesta combinação. Entrega-se completamente aos outros, sem maldade. É fonte de encantamento, charme e ternura. Aprecia o mistério e o risco do desconhecido. Ama os prazeres da vida, mas pode prescindir deles.

PEIXES-TOURO

Esta combinação une sensibilidade e sensualidade, com plenitude sentimental e sexual. O nativo é carinhoso, amável e leal. A intuição une-se à concentração, o lado prático à visão sonhadora, o materialismo à profundidade de inteligência. Deixa-se levar pela vida com um ideal de beleza quase místico, com inclinação ao sagrado. Tem um dom inato para as artes. Um alerta: nos negócios e nas finanças, deve evitar ser compassivo e emocional, se quiser aumentar sua conta corrente.

PEIXES-GÊMEOS

Dois signos duplos se combinam para multiplicar suas possibilidades. O nativo é misterioso, reservado, difícil de se revelar. Sua força mental pode se dissociar ou se alternar. As profundezas inconscientes e difusas do pisciano substituem a lucidez e a coerência verbal do geminiano. A intuição nebulosa de Peixes pode se submeter à flexibilidade de Gêmeos, abrindo-se à fantasia. Pode ser mais desapegado que um Peixes romântico, mas tem sonhos que necessita converter em realidade. Um alerta: controlar os gastos.

PEIXES-CÂNCER

Ele é romântico, sensível, intuitivo, reservado e taciturno. Nesta combinação, o perigo é o nativo se afogar num mar de emoções e perder de vista os sonhos, antes que se convertam em realidade. Deve evitar se retrair, exatamente quando deveria deixar sua marca no mundo. Convém ouvir sua intuição e cultivar o senso prático, evitando que o coração domine a mente. Caso contrário, terá dificuldade de se defender dos ataques da vida. Pode abraçar um ideal humanitário.

PEIXES-LEÃO

Peixes atribui mais romantismo e profundidade às emoções do leonino. Abranda o aspecto dominante de Leão em seu caminho para o êxito. Peixes, às vezes triste e melancólico, conhece os arrebatamentos otimistas e dinâmicos. Em geral, a força do coração une-se à riqueza do espírito e o nativo desta poderosa combinação é mais extrovertido e confiante. Um alerta: deve conter os gastos.

PEIXES-VIRGEM

São signos complementares: as contradições diminuem e ele busca o equilíbrio entre a precisão e o confuso, a ordem e o indeterminado. A fragilidade nervosa de Virgem pode acentuar a tendência de Peixes à neurastenia e à depressão crônica. O nativo manifesta grande sensibilidade, gosto pelo romance e menor insistência na dedicação ao trabalho. No entanto, será um Peixes mais disciplinado e organizado. Um alerta: evitar ser tão sonhador diante das questões práticas ou materiais.

PEIXES-LIBRA

Ele é doce, sensível, diplomático, encantador, mas talvez lhe custe tomar decisões. Ao vacilar tanto, acaba perdendo as oportunidades que se apresentam em seu caminho. Esta combinação pode dar lugar a um grande artista ou hábil artesão. Extrai sua originalidade de um nível profundo que permanece oculto. A plasticidade e o caráter influenciável acentuam-se neste nativo.

PEIXES-ESCORPIÃO

Esta é uma combinação intensa. Peixes aumenta sua empatia e todos se beneficiam. Sua habilidade para captar tudo ao seu redor pode torná-lo invencível na busca pelo poder. Deve expressar sua sensibilidade, demonstrando ser mais terno e tolerante. A mescla de desejos, tendências e obsessões pode formar um turbilhão interior, do qual sairá abrindo um caminho para servir o próximo e a coletividade.

PEIXES-SAGITÁRIO

O nativo é amante da diversão, tem mais energia que os outros piscianos, comporta-se de modo mais livre e despreocupado em suas relações amorosas. A grande confiança em si mesmo e sua habilidade para as vendas o ajudam a ter mais êxito. Sagitário o transforma no agente do idealismo resoluto e ele busca alcançar o universo, experimenta mudanças e muitas viagens. Talvez passe a vida dividido entre os extremos, a família e as viagens, a evasão e o êxito, pois não encontra o equilíbrio.

PEIXES-CAPRICÓRNIO

O nativo é prático, mais adepto do trabalho que dos sonhos e está decidido a conquistar a segurança material e financeira. Manifesta uma certa frieza perante os outros, ocultando sua sensibilidade sob a máscara de Saturno. Perde a fluidez de Peixes, mas recebe força interior para alcançar seus objetivos, sacrificando-se ao máximo. Tende a se extenuar. Um alerta: convém não perder de vista os sonhos.

PEIXES-AQUÁRIO

O nativo pode ser o mais imprevisível de todos os piscianos. É um tipo anticonformista e está em constante mudança. Pode se inclinar à filosofia e às causas altruístas com o mesmo fervor com que se dedica aos seus próprios planos, mas tem grande dificuldade de colocá-los em prática. Precisa conter o lado demasiadamente idealista e buscar um parceiro que mantenha seus pés na terra. Passa pela vida cultivando o senso de humor e a imaginação, o que aumenta seu encanto e magnetismo.

PEIXES-PEIXES

Ele é um sonhador, um romântico irremediável. Poderia ser diferente com duas duplas de Peixes em sua carta natal? Ele não se detém para refletir. Sendo duplamente intuitivo, convém usar esta qualidade em seu próprio benefício e não permitir que ninguém se aproveite de seu caráter benévolo e compassivo. É bastante inacessível, surpreendente, místico, sedento de espiritualidade, utópico, podendo se afogar em um copo d'água. Sente-se mais à vontade ao adentrar em mundos paralelos do que vivenciando a realidade.